Souffles de cathédrales

MIREILLE GROLEAU

Souffles de cathédrales

Poésie

Collection « Fugues/Paroles »

LES ÉDITIONS
L'INTERLIGNE

Catalogage avant publication de Bibliothèque et Archives Canada

Groleau, Mireille, auteure
    Souffles de cathédrales : poésie / Mireille Groleau.

(Collection Fugues/Paroles)
Publié en formats imprimé(s) et électronique(s).
ISBN 978-2-89699-560-8 (couverture souple).--ISBN 978-2-89699-561-5
(PDF).--ISBN 978-2-89699-562-2 (EPUB)

    I. Titre. II. Collection : Collection Fugues/Paroles

PS8613.R6534S68 2017   C841'.6   C2017-904848-1
                                                   C2017-904849-X

Les Éditions L'Interligne
435, rue Donald, bureau 117
Ottawa (Ontario) K1K 4X5
Tél.: 613 748-0850 / Téléc.: 613 748-0852
Adresse courriel: communication@interligne.ca
www.interligne.ca

Distribution: Diffusion Prologue inc.

ISBN 978-2-89699-560-8

DOMPTER LA DÉCHIRURE

Il y a un train dans ma tête

je l'entends passer
de gauche à droite
du soir au matin
d'une oreille à l'autre
de Sudbury à Hearst

son poids
fait trembler ma maison
et grincer les rails de ma voix

cloche invisible
ligne orpheline

le train défile
derrière mes deux oreilles
entre dans mes deux oreilles

il y a un train dans ma tête
qui ne fait que passer

si je veux embrayer
je ferais mieux de prendre mon « char »

sanctuaire cintré d'un ruban noir
les épinettes en rangée de statues
les pins et les sapins
les pas fins
sont derrière

ciel bleu infini
du Nord

plafond de ma cathédrale

l'attente

l'écoute

le chant de l'hirondelle
la réponse du bruant

le moteur du camion 18 roues
qui passe en hurlant

dans cette église
il n'y a pas de petit Jésus
juste des nuages en forme de seins

ronds et doux et pleins
comme ceux de ma mère
quand j'étais enfant

comme les miens pour
mes enfants
les cumulus viennent s'aplatir
à mes côtés

j'écoute religieusement
des chansons que j'aurais voulu écrire

je chante Patsy Cline et Johnny Cash
je déteste la musique country
à tue-tête

dans ma cathédrale infinie
la botte de Stompin' Tom
s'accorde avec le moteur
et me transporte d'ici à ailleurs

le soleil brille

les arbres s'en sacrent

face au paysage plat et sévère du Nord
la ligne d'arrivée demeure un espoir
qu'on est mieux de ne pas brasser

je valse au gré des courbes et des collines
danse de la distance
la ligne jaune m'indique le milieu
de nulle part

l'urgence se bâtit
au creux de mes reins

derrière un camion de bois
je mords la poussière
je ronge mon frein

pour passer le temps
je dessine ton visage
ton sourire niaiseux
sur le *dashboard*

poussières sur l'autel

je m'imagine en héroïne de bande dessinée
à l'assaut de milliers de kilomètres

l'ennui est l'ennemi

je m'imagine en chanteuse country
avec des chemises à franges
pis une estie de belle guitare
j'aurais pu être Shania
chanter au Maple Leaf Tavern
et vivre dans les vieux pays

j'aurais pu être un camionneur
avec un *wide load* de bois
jaser avec mon *buddy* sur mon CB

Manitoulin Transport
On course and on time / Destination voulue en temps voulu

un espoir sur une porte de camion
qui s'en va à la même place que moi

crisse

j'aurais pu être Patrice Desbiens
mais ma mère n'habite pas à Timmins

k.d. lang me livre une chanson de Joni Mitchell
sur un plateau rocheux

j'oublie tout
j'aimerais fermer les yeux
pour mieux entendre les images de la chanson
mais j'ai peur de me retrouver
dans le mauvais décor

dans une longue glissade asphaltée
je laisse un camion dans mon sillon

je dégringole
j'oublie que je conduis

devant moi l'infini
la chanson finie
je reviens à aujourd'hui

le paysage se fond
se confond
se défait
et se refait
dans un maelström

intense
éclat de lumière
dans un tournant

une épée dans le socle
me rappelle
que je dois aller pisser

envie ou pas
les choix ne sont pas nombreux
je m'arrête dans une salle de toilettes qui pue
les maringouins me mordent le cul

j'ai ma revanche
quand ils se suicident
sur mon pare-brise

j'enclenche les essuie-glaces
le *windshield washer* gâche tout

de l'autre côté de la route
une tronçonneuse
apprête une épinette rachitique

dans mon « char » Desjardins se lamente
sur le sort des arbres fauchés

y vit-tu dans une maison en béton
avec des meubles en plastique ?

mes pneus collent sur le chemin
un autre camion de billots
se moque de mon impatience

Daniel Bélanger roule à vélo la nuit

dans un océan vert d'absence

une voiture de police
va à la pêche à la perdrix

cachée derrière un *pick-up*
elle trolle

espérant une piste
un gibier

la vitesse a peu d'importance
sur un chemin où on est seule

la police le sait
encore mieux que moi

appât sans hameçon
je lui fais un clin d'œil

attachée à mon siège
je monte le volume

game over

tout flotte
la route vacille
je suis un mirage
de macadam

Timmins
centre-ville 35 kilomètres

Patrice et Shania
coming home

au-dessus de ma condition routière

il pleut dans mes lunettes
j'essuie les gouttes
avec mes *wipers*

faire le plein
faire le vide

j'ai tout raté
je suis née en 1963

Paris, mai 1968
l'assassinat des Kennedy
le Vietnam
les Beatles
(*fuck !* je suis passée à côté des Beatles)

on a marché sur la Lune
la Trudeaumanie
la non-indépendance du Québec

beau dommage

j'ai manqué la naissance
de l'Ontario français

je n'ai pas mangé à la cuisine de la poésie
je n'ai pas étudié avec Gaétan Gervais ou Fernand Dorais
je n'ai pas chanté avec Robert Paquette
je n'ai pas publié chez Prise de parole
je n'ai pas pleuré André Paiement et Suzie Beauchemin

je ne savais même pas qu'ils étaient morts

j'ai manqué CANO

on n'était pas dans le même bateau

Où cé que tu t'en vas avec ça ?
me demande le gars

J'sais pas, cé-tu important ?
Pourvu que le chemin soit pas fermé

Ben, ça dépend d'où tu t'en vas,
C'est pour ça que j' te demande ça

Ben là, mon « char » est plein d'es-
sence
Pis je monte dans le Nord

Ah ! O. K... cé correct d'abord
Du bord du Nord c'est pas fermé

Dans ma tête je me dis :
C'est pas ouvert non plus

Ben merci là que je lui dis
J' vas r'prendre la route
Prends-la pas toute, hein ! Laisses-en pour les aut'

une blague usée

transit

le chemin
est beaucoup plus beau
derrière que devant

dans le rétroviseur
ma vie défile
soutenir cet exercice trop longtemps
c'est comme regarder dans les yeux de ma mère

Y boire c'est s'y noyer

défaire les nœuds dans le ruban
de la maternité

chemin de la rédemption

dans une église
où chacun est prêtre
prêcheur
pêcheur

se permettre le pardon

je suis l'as du volant

je roule dans une canne de tomates
mon moteur hurle à 90 km à l'heure

j'en fais 130

dans ma tête je conduis une Mustang sport
moteur *boosté* à planche

dans le garage de mon père, avant d'aller à la messe
ma mère nous apporte des biscuits au chocolat

se lécher les doigts d'huile à moteur

dis maman, est-ce que le ciel du paradis
est du même bleu que le ciel d'ici ?

à l'horizon
le profil de ma petite ville

gauloise d'un irréductible village
la cheminée de son usine
boucane

LE VENT DANS LE CLOCHER

la dernière heure
est la plus longue

la musique ne suffit plus
à combler le temps

le souffle court
j'attends une bonne bouffée

d'air frais
parfum
de rivière rocheuse
de sciures de bois

je conduis la fenêtre ouverte
copeaux aux quatre vents

rite sacré
avant de pénétrer
dans la plus grande cathédrale du monde

silencieux et patients

les poteaux de téléphone
les clôtures
les cure-dents

récitent leurs prières en attendant la scie

maison des champs
maison de ville

au milieu de grands espaces

refuge de l'enfance

refuge
pour celle qui s'est soûlée
qui titube au bout de sa dernière gorgée

mourir à petit feu

sans fumer
sans fumée

la compassion des autres

asphyxie de l'attendrissement

Tiens, t'es en ville ?

Oui, juste pour la fin de semaine.
Ma mère...

Ben oui, ta mère, comment qu'à va ? C'est pas drôle !
À son âge, apprendre que...

En fait, elle ne va pas si mal,
c'est vrai que les traitements...

Mon Dieu que c'est pas facile ! Je voudrais aller la
voir mais...

Vous savez, elle est capable de rece-
voir des visites, ça lui fait du bien.

Ah oui ? Je sais mais je ne veux pas déranger.

Ben oui, venez donc, elle n'a pas
perdu le goût de jaser.

Bon ben, 'scuse mais je suis pressé, bon voyage de
retour à Sudbury.

C'est ça, on se revoit dans une couple de semaines.

Pis dis à ta mère que
Pis dis à ton père que

face à sa mortalité l'être humain est désemparé

par la fenêtre de la cuisine
je regarde
l'homme et la femme
presque vieux

deux hirondelles
sur le perchoir
du temps

la tête sous l'aile
affronter la tempête

pour une première fois
l'homme se sent vieux

la fougue de son sang
épuisée dans sa rage

ses poings comme des massues
enfoncés dans les poches
c'est dans son corps à elle
qu'il veut les enfouir
pour étouffer le salaud
qui la fait mourir

mourir à deux
ça tue son homme

ne pas mentir
ne pas tricher

devant la dignité écorchée

la mort attendra

les genoux de la femme ne plient plus
le cœur lui lève quand même
elle ne sera pas sauvée
elle le sait

la femme ne plie pas les genoux
sa prière s'élève quand même
elle sera sauvée
je le sais

rire de la mort

rire pour ne pas hurler

rire pour ne pas fléchir

rire devant l'étiolement de l'équilibre

des fois
quand ma mère se tient debout dans le soleil
la lumière passe à travers son corps

la lumière l'enveloppe
la mort l'enveloppe

voile diaphane

pour apprivoiser la fin
elle devient légère

pourquoi tes joues sont trempes ?

parce que je pleure, parce que je
ne veux pas partir

où cé que tu t'en vas pas ?

je ne le sais pas... au ciel peut-
être

*pourquoi tu pleures pour pas aller quec' part où tu sais
pas si tu vas finir par aller ? Moi j' veux pas que tu partes*

l'enfant trace du doigt les ridules laissées par les
larmes sur le visage de la vieille

*L'eau sur tes joues, ça fait comme un chemin, pis ça tombe
jusqu'à ton cœur. Vas-tu faire une* heartbreak attack *?*

Ben non, viens on va dessiner. Tu
peux me faire un dessin ?

plainte conjuguée de la partance

je ne veux pas partir
tu ne veux pas partir
elle ne veut pas partir
nous ne voulons pas qu'elle parte
vous ne voulez pas qu'elle parte
ils ne veulent pas qu'elle parte

elle partira

et les gestes du quotidien

la perfection d'un rôti de bœuf
la complicité des frites du dimanche
la délicatesse d'un pouding au riz
des pizzas maison
de la cassonade et un peu de beurre
recettes du gros livre orange

le traditionnel souper d'anniversaire
un gâteau de fête
le délice des fraises congelées
la générosité de l'immense jardin

le silence appliqué de l'aiguille
qui brode et raccommode
le clic-clic des broches à tricoter
le ronronnement de la machine à coudre
des cordées de linge qui volent entre hier et éternité
des jeans soldats sur une corde
en novembre à Coppell

été comme hiver
attendre l'hirondelle
« paparmanes » porte-bonheur dans les poches

le souffle d'un harmonium démodé
une guitare de jeune fille
un accordéon oublié
des cahiers de chants
vos noms brodés dans son cœur

un café
rares moments de répit avec son homme
délicate intimité à la grande table
longs doigts infatigables
protégés par l'immense main chaude et rugueuse

au centre de tout
tout au centre
maman

gestes du quotidien

flottant au milieu d'un immense champ
une chapelle
arc-boutée contre les vents
luciole vacillante

refuge des nuits d'hiver
songe des nuits d'été

une porte claque au vent

et les gestes du quotidien

explorer malgré soi
encore une fois
une dernière fois

la rupture de la naissance
la blessure de vivre

dompter la déchirure

SOUFFLE ET SIFFLE L'ANGÉLUS

elle n'accepte pas que la mort soit à sa porte

tant travailler dit-elle
pour finir dans un trou comme les autres.

la première fois, je ne comprends pas ce qu'elle veut dire
je la regarde bêtement

la deuxième fois, je lui lance une pierre :

*ben voyons ! parle pas comme ça môman... pensais-tu que
t'allais pas mourir ?*
t'es donc pas raisonnable ! je ne comprends pas.

comme si la mort à petit feu était raisonnable

la troisième fois, je n'ai rien à dire
je ne la comprends pas plus que la première fois
c'est après que j'ai compris

un peu comme trouver le temps de prier
avant la grand-messe
elle aurait aimé se reposer
avant de se regarder mourir

quand le soleil ronge la neige
quand la glace pousse vers le nord
quand le vent tourne
signes connus du printemps

signes perceptibles de la dégénérescence
ma mère commence à perdre la tête

elle oublie nos noms et nos visages

les mots-hosties restent collés sur sa langue
il ne lui reste que ses mains
pour nous faire comprendre
pour pointer vers l'horloge
jusqu'à l'heure de sa mort

le coq chante au moins trois fois

le temps file quand il est compté

ma mère vieillit à vue d'œil

elle fond
elle s'amenuise

elle est plus belle que jamais

ma mère flotte élégamment
dans son pyjama rose

elle se déplace à petits pas
elle se rend jusqu'à la galerie

elle s'assoit dehors
regarde son jardin

les mots sont de trop

sa vie est une plaidoirie

mais entre le quotidien et la fin

une sainte colère

elle fouette les faux prophètes
elle crie son impuissance échevelée

le sel brûle sa terre
et noie son jardin

rien n'y poussera plus

fleur vivace de Gethsémani
sa colère la propulse

elle veut tout voir
elle veut tout avaler

les montagnes Rocheuses

embrasser les lilas

une promenade en bateau

la première communion de la dernière

s'étendre une dernière fois dans le lit conjugal

dans sa maison

entendre toutes les chansons qu'elle a déjà chantées

dire adieu

dire merci

des mois de larmes ont purifié
le verger de son âme

sur les bords d'un Jourdain vaseux
elle dépose sa douleur

et lavée des mots humains
et blanchie par le bercement des eaux
et calmée par le vent d'été
et bénie entre toutes

tremblante
elle entre dans la rivière

et je lui donne son bain

ma mère est complètement nue

sa peau est un parchemin

je peux y lire sa vie

je lave son corps tendrement
je déchiffre son histoire

son corps me parle
je lis au-delà des maux
l'histoire commence par la fin

ne rien effacer

J' te dis qu'elle a dépéri vite

Ouin, ça fait trois semaines que je ne l'ai pas vue au café

À va même pu à messe, peux-tu croire ça ? Moi j' pense qu'elle achève

Sa famille est pas mal prête... J'ai rencontré son mari l'aut' jour, y m'a dit que les arrangements funéraires sont déjà faits... une belle tombe blanche...

Imagine, à voit le cimetière à longueur de journée, de sa fenêtre de cuisine...

C'est comme si le corbillard était parqué à côté d' la maison, ça... ça me donne des chills...

Anyway, ç'a d' l'air qu'à souffre pas...

Ouin... une vraie chance qu'elle ait un cancer qui est pas souffrant.

SERVIR L'ÉCHO ET LUI RÉPONDRE

aller au plus profond de soi
trouver les mots pour toi

est-ce que j'ai été bonne pour toi ?

nous sommes tous là
à te regarder mourir
nos caresses te font souffrir
tu grimaces chaque fois
puis tu souris pour ne pas nous faire de peine

deux petites filles jouent autour de ton lit
une ronde pour nier la mort

et tu chantes

promenons-nous dans le bois
pendant que le loup n'y est pas...

délivre-toi du mal

les jours deviennent des nuits
nous faisons les rondes

tu restes là
immobile

pour la première fois
tu te laisses aller

nous sommes seules
dans la moiteur tranquille
de tes derniers moments

je ne sais pas si tu sais que je suis là
alors je chante pour toi

comme lorsque j'étais enfant

je dépose ma tête sur ton lit
je place ta main sur ma joue

je te demande l'absolution

ma rédemption devra attendre
la tienne est arrivée

dans ton brouillard
tu attends
tu entends

un bruissement d'ailes

un passage

tu crois voir
un chemin bordé
de veilleurs immobiles

le paysage s'approche de toi
une armée s'avance vers toi

une échancrure
dans le temps

l'aveugle voit
le sourd entend
le paralytique se lève

sur une route apparemment déserte
une rangée d'arbres veilleurs
laisse passer
un million d'anges
leurs trompettes
marquent la démesure
de ton passage

le bout du monde est en vue
dernière poussée de l'être

tu m'as donné mon premier souffle
tu me donnes ton dernier souffle

le fil se délie
et toi aussi

pluie tranquille

d'un petit matin d'automne

l'heure de ton lever
tous les matins de tes semaines

l'heure de ton commencement

l'heure de ta fin

sans horloge ni cadran
biorythme spirituel

premiers moments de ta renaissance

dans mon pas vacillant
sans toi

dans mon regard chancelant
sans toi

dans mes premiers balbutiements
sans toi

dire *maman*
une dernière fois

dans une cathédrale

du bout du monde

une famille te pleure

je me souviens de tout

je me souviens de nous

je me rends compte

je ne saurai jamais

si je t'ai bien aimée

Retenir son souffle

la route face à un mur de roc

escarpement de la nostalgie

montagnes d'albums photos

précipices dangereux

du rappel à la réalité

les photos vont du noir au blanc
des vieux vivants
des jeunes morts

mon regard se noie
devant ma mère en nouvelle mariée

un enfant dans les bras

trois gamins sur un fauteuil
comme des singes
visages ronds et joufflus

deux adorables fillettes
un chien
une portée de chats

un visage barbouillé
un voyage

des poussières de foin
des poussières de loin

dans ma tête des images
s'enchaînent comme un train

tout se croise
tout se perd

cruise control

voyage interrompu

je pleure

je roule

je communie avec plus grand que moi

dans mon auto-monastère

et viendront les jours de larmes

et ils viendront tous

elles y seront toutes

fidèles

et nous nous demanderons

qui tu étais

et si nous ne sommes pas passés

à côté de quelque chose de plus grand

que nous

et leur chagrin deviendra le nôtre

et notre chagrin sera le leur

et nous chanterons pour toi
et nous vivrons pour toi

et tu vivras sans nous
et nous vivrons sans toi

et sans cesse le vent…

le vent souffle dans ma cathédrale

éparpillant tes dernières notes
effaçant tous les édits
pour les siècles des siècles

le vent souffle ton nom dans ma cathédrale

Son règne est arrivé
Sa volonté a été faite
Sur la terre comme au ciel

tu as résisté à la tentation
tu es enfin délivrée du mal

Que l'âme des fidèles défunts repose en paix !

TABLE DES MATIÈRES

Les Éditions L'Interligne
435, rue Donald, bureau 117
Ottawa (Ontario) K1K 4X5
Tél.: 613 748-0850 / Téléc.: 613 748-0852
Adresse courriel: communication@interligne.ca
www.interligne.ca

Directeur de collection: Michel Muir

Œuvre de la page couverture: Shutterstock
Graphisme: Guillaume Morin
Révision et corrections: Jacques Côté
Distribution: Diffusion Prologue inc.

Les Éditions L'Interligne bénéficient de l'appui financier du Conseil des
arts du Canada, de la Ville d'Ottawa, du Conseil des arts de l'Ontario et de
la Fondation Trillium de l'Ontario. Nous reconnaissons l'aide financière
du gouvernement du Canada par l'entremise du Fonds du livre du Canada
(FLC) pour nos activités d'édition.

Les Éditions L'Interligne sont membres du Regroupement des éditeurs
canadiens-français (RECF).

MARQUIS

Québec, Canada

Imprimé sur du Rolland Enviro,
contenant 100% de fibres postconsommation,
fabriqué à partir d'énergie biogaz et certifié FSC®,
ÉCOLOGO, Procédé sans chlore et Garant des forêts intactes.

Ce livre est publié aux Éditions L'Interligne à Ottawa (Ontario), Canada. Il est composé en caractères Caslon et Courrier New, corps douze, et a été achevé d'imprimer sur du papier Enviro 100 % recyclé par les presses de Marquis (Québec), 2017.